**paperblanks™**
LYON FLORALS

La copertina di questo diario offre uno scorcio del processo creativo che sta alla base del design tessile francese ottocentesco. Il motivo, risalente agli anni '60 dell'Ottocento, è ispirato al mondo naturale. Elaborate sequenze di fiori e foglie venivano stampate o dipinte a mano su carta. Tali disegni originali servivano poi da matrice per la produzione industriale dei tessuti.

Questo delicato motivo floreale, di una raffinatezza senza tempo, fa pensare alla ricercata eleganza di un salotto ottocentesco.

Fournissant un aperçu captivant du processus créatif des motifs de tissus français, la couverture de ce carnet tire son inspiration d'un modèle saisissant représentant des éléments de la nature. Des fleurs et des feuillages complexes et luxuriants ont été peints à la main ou imprimés sur papier pour créer ce patron qui remonte à 1860–1870 et aurait été utilisé pour une production de masse du tissu.

Avec une élégance intemporelle, la beauté douce de ces motifs floraux rappelle le raffinement élégant d'un salon du XIXe siècle.

Las cubiertas de este cuaderno nos proporcionan una mirada fascinante a un tradicional proceso creativo francés de diseño textil. La inspiración de las mismas proviene de un sorprendente patrón de los años 1860, en el que figuran elementos del mundo natural, como exuberante y sofisticado follaje y flores, pintadas a mano o impresas a partir de bloques tallados de madera. El patrón maestro se realizaba sobre papel para luego ser pasado a una plantilla para la producción textil en masa.

Con una elegancia atemporal, la silenciosa belleza de este diseño floral nos recuerda el refinamiento de los lujosos salones de mediados del S. XIX.

Der Umschlag dieses Tagebuchs bietet einen faszinierenden Einblick in den kreativen Prozeß des französischen Textilentwurfs, inspiriert von einem auffallenden Muster mit Naturelementen. Ein kompliziertes Muster von reichem Blattwerk und Blumen wurde handgemalt oder mit Blockdruck auf Papier angebracht. Hiermit entstand dieses Originalmuster aus den 60-er Jahren des 19. Jahrhunderts, das für die Anfertigung einer Schablone für die Massenproduktion des Stoffes angewendet wurde.

Mit einer zeitlosen Eleganz erinnert die stille Schönheit dieses Blumenmusters an die stilvolle Verfeinerung eines Salons des 19. Jahrhunderts.

De kaft van dit dagboek levert een fascinerend inzicht in het creatieve proces van Frans textielontwerp, geïnspireerd op een opvallend patroon met elementen uit de natuur. Een ingewikkeld motief van overvloedig gebladerte en bloemen werd handgeschilderd of met blokdruk op papier aangebracht en zo ontstond dit originele patroon uit de zestiger jaren van de 19de eeuw, dat gebruikt werd voor het maken van een mal voor de massaproductie van de stof.

Met een tijdloze elegantie herinnert de verstilde schoonheid van dit bloemmotief aan de stijlvolle verfijning van een 19de eeuws salon.

## paperblanks™
### LYON FLORALS

### *Filigree Floral – Ebony*

Providing a fascinating glimpse into the creative process of French textile design, this journal cover draws inspiration from a striking pattern featuring elements from the natural world. Intricate, lush foliage and flowers were hand-painted or block-printed on paper to create this master pattern dating from the 1860s, which would have been used to create a template for the mass production of the fabric.

With an elegance that is timeless, the muted beauty of this floral design brings to mind the stylish refinement of a nineteenth century drawing room.

ISBN 1-55156-551-X   160 PAGES   LINED

The text paper is an acid-free, archival quality sheet.
© 2005 Hartley & Marks Publishers Inc. All rights reserved.
No part of this book may be reproduced without written permission
from the publisher. Paperblanks™ are published by
Hartley & Marks Publishers Inc. Made in China.
North America 1-800-277-5887
Europe +800-3333-8005

www.paperblanks.com